चंद अल्फ़ाज़

शब्दों में सिमटे हुए जज़्बात

Neeraj Sharma

BookLeaf Publishing
India | USA | UK

Made with ❤ on the BookLeaf Publishing Platform
www.bookleafpub.in
www.bookleafpub.com

Dedication

समर्पण

यह काव्य–संग्रह "चंद अल्फ़ाज़"
उन सभी पाठकों को समर्पित है
जो जीवन के छोटे–छोटे क्षणों में
गहराई और सौंदर्य खोजने की संवेदना रखते हैं।
साथ ही, यह पुस्तक उन प्रियजनों को भी समर्पित है
जिनके सहयोग, प्रोत्साहन और विश्वास ने
मेरे लेखन को आकार दिया और इन कविताओं को जन्म लेने का
अवसर प्रदान किया।

Preface

भूमिका

जीवन असंख्य अनुभवों, भावनाओं और विचारों का संगम है। कुछ पल ऐसे होते हैं जो मन को गहराई से छू जाते हैं और हृदय पर अमिट छाप छोड़ जाते हैं। इन्हीं भावनाओं और अनुभवों को शब्दों में पिरोकर प्रस्तुत करने का मेरा एक छोटा-सा प्रयास है I यह कविता संग्रह "चंद अल्फ़ाज़" संग्रह की हर कविता जीवन के उन क्षणों को अभिव्यक्त करने का प्रयास है जो कभी आनंद से भर देते हैं, कभी सोचने पर विवश करते हैं और कभी गहरे भावनात्मक स्पर्श दे जाते हैं। मेरे लिए यह कविताएँ सिर्फ शब्द नहीं, बल्कि मन के उन एहसासों की प्रतिध्वनि हैं जिन्हें मैंने स्वयं जिया है। मेरा विश्वास है कि "चंद अल्फ़ाज़" के माध्यम से पाठक अपने जीवन के कुछ अनकहे पलों और अनुभवों से जुड़ाव महसूस करेंगे। यदि यह संग्रह आपके हृदय को छू सके, तो मेरा यह प्रयास सार्थक हो जाएगा।अंत में, मैं उन सभी का आभार व्यक्त करना चाहूँगी जिन्होंने इस पुरस्कार को पूर्ण करने में मेरा साथ दिया।

आपकी संवेदनाओं की साथी,
नीरज शर्मा "नीरू"

Acknowledgements

आभार

इस पुस्तक “चंद अल्फ़ाज़” को पूर्ण करने का सफर मेरे लिए केवल लेखन का नहीं, बल्कि आत्म-अभिव्यक्ति, अनुभूतियों और भावनाओं का भी रहा है। हर एक कविता मेरे जीवन के किसी पल, किसी सोच या किसी अनुभव से उपजी है। इस सफर में बहुत से लोगों का साथ, समर्थन और प्रेम मिला, जिनके बिना यह संभव नहीं था।सबसे पहले, मैं अपने जीवनसाथी का हृदय से आभार व्यक्त करना चाहती हूँ। उनके धैर्य, प्रोत्साहन और बिना शर्त सहयोग ने मुझे हर उस क्षण में संभाला जब मैं थककर रुकना चाहती थी। उनका विश्वास ही मेरी सबसे बड़ी ताकत रहा है।अपने बच्चों का विशेष धन्यवाद, जिन्होंने मेरे लेखन को केवल समझा ही नहीं बल्कि गर्व से अपनाया। उनके मासूम सवालों और प्यारी हंसी ने मुझे बार-बार यह याद दिलाया कि सच्ची प्रेरणा हमेशा अपने ही घर से मिलती है।अपने माता-पिता का आशीर्वाद और शिक्षा मेरी सबसे बड़ी पूंजी है। उन्हीं के दिये हुए संस्कारों और जीवन-दृष्टि ने मेरी लेखनी को संवेदनशीलता और गहराई दी। उनके बिना मैं इस मुकाम तक कभी नहीं पहुँच पाती।मेरी बहन का भी हार्दिक धन्यवाद, जो हमेशा मेरी पहली श्रोता और सच्ची समीक्षक रही। उसने हर कविता पर अपनी निष्पक्ष राय दी।मैं अपने पाठकों का आभार मानती हूँ। “चंद अल्फ़ाज़” के हर शब्द को तभी सच्चा अर्थ मिलेगा जब वह आपके दिलों को छुए। यह पुस्तक आप सबके लिए है और आपकी प्रतिक्रिया ही मेरी लेखनी का असली पुरस्कार होगी।

1 . इबादत

है जो तेरा इश्क़ पाक इबादत सा,
तो मेरी रूह में उतर जा मेरे हमनवाज़।
सिर्फ़ जिस्मों को हासिल करने का जुनून ,
तो हमें समझ कभी ना आएगा ।
इक बार पीने के बाद इन आँखों से ,
फिर ताउम्र वो जाम को छू ना पाएगा।

या तो बनाले दुरी मेरे आग़ोश से मेरे हमदम ,
या डुब जा मुझ में सदियों के लिए ।
कभी आ बैठना , कभी चल देना उठकर ,
यह तेरा चलन, हम से और निभ ना पाएगा।

गर होगी मेरी चाह में सचमुच शिद्दत ,
तो तू भी मुझे टूट कर ज़रूर चाहेगा ।
करेगा सजदा इक रोज़ तु भी मेरी वफ़ाओं को ,
मेरी बाँहों सा सकूँ दिलबर और कहीं ना मिल पाएगा।

जमाने भर की तोहमतों से हम नहीं घबराने वाले ,
पर तेरी बेरुख़ी चुभ जाती है किसी खंजर की तरह ।
प्यार से तू माँग के तो देख ,गर ना जान न्योछावर करदुँ ,

यूँ ही उड़ा देना भावनाओं को,हमें गवारा ना हो पाएगा।

2. रण

रण की यह पुकार है, शत्रु खूखार है ।
मचा हाहाकार है, तू आगे बढ़-आगे बढ़ ।
कल तक था चाहे जो चलता रहा,
उस को बदलने की आई तेरी बारी है ।
जिस पिंजरे में कल तक थी क़ैद तू ,
फिर से वही दशा आज हमारी है।
पुरी ताक़त झोंकदे हर बुराई के ख़िलाफ़, तेरी ही उम्मीद पर टिकी
दुनिया सारी है ।
युद्ध ही बस इक मार्ग तेरे पास शेष है,
कुछ ना कुछ तभी मिलता विशेष है।
“नीरु”तू संतान है उस आदि शक्ति की ,
जो सदैव सिंह की ही करती सवारी है ।

3. यह वक़्त भी गुज़र जाएगा

ना छोड़ दामन आस का कभी,
तभी तो मंजिल को पाएगा ।
बस एक बात याद रख सदा,
यह वक़्त भी गुज़र जाएगा ।

भूल जा गुज़री आज तक तुझ पर जो भी,
उसे सोच कर पशेमान ना हो ।
कोई छीन ना पाएगा तुझ से,
जब सुकून तुझे खुदा अदा फ़रमाएगा ।

ख़ाली हाथ ही रह जाएँगे आख़ीर,
जो छीना-झपटी करते उम्र तमाम रहे ।
जिसने कॉटे ही बौए हों औरों के लिए,
उनका दामन फूलों से कभी महक ना पाएगा ।

कभी बेमुख नहीं होते खुदा की रहमत से,
वही थामता है हाथ मुश्किल पेश आए तो ।
लाख शातिर समझता हो खुद को ज़ालिम,
खुदा के क़हर के आगे उसका कोई दाव ना चल पाएगा ।

4. एक तारा

दूर देस में कहीं जगमगाता एक तारा है,
उस से कुछ तो गहरा नाता हमारा है।
तन्हाई में आती है इक सदा अमूमन ही,
जैसे किसी ने मुझे प्यार से पुकारा है।
जाने कैसे भाप जाता है वह मेरे मौन को,
उसने मेरे दर्द को अपने सीने में उतारा है।
न्योछावर कर डाली नींदें मुझ पर कब से,
वही सुकून देता है, उसी का सहारा है।
देते हैं हौंसला आज भी, माँ के अल्फ़ाज़,
सब ठीक हो जाएगा तू तो मेरा दुलारा है।
इक दिन मैं जा बैठूँ उस तारे की गोद में,
बस यही इक अरमान "नीरू" हमारा है।

5. सशक्त नारी

ना समझ ख़ुद को गुड़िया तू मोम की,
तू तो शक्ति का साक्षात अवतार है।
कैसे हो सकती है तेरी कलाई नाज़ुक,
जब की तेरे हाथ में दो धारी तलवार है।
छल-कपट से है परे निश्छल तेरा मन,
तेरे हौसले के आगे नतमस्तक है गगन।
इक दिन भेद ही लेगी तू अपने लक्ष्य को,
गर तु हर चुनौती के लिए तैयार है।
सफलता आगे बड़ गले लगाएगी,
दिखाना होगा दम तभी मंजिल पाएगी।
क्या ज़रूरत तुझे किसी बनावट की,
तेरी सच्चाई ही तेरा असली शिंगार है।
तुम्हीं हो ममता, तुम्हीं सच्चा समर्पण,
शत्रु सहम जाए रण में सुन तेरी गर्जन।
करनी होगी रक्षा ख़ुद अपनी गरिमा की,
चारों तरफ़ से उठ रही यही पुकार है।
ना समझ ख़ुद को गुड़िया तू मोम की,
तू तो शक्ति का साक्षात अवतार है।

6. ज़माने का दोहरा चलन

नहीं समझ आता हमें जमाने का दोहरा यह चलन,
चेहरे पर मुस्कान और दिल में छुपा रखी है जलन ।

करते थे जो वादा मोहब्बत में जान निसार करने का,
ज़रूरत पड़ने पर झट से झटक कर चल दिए दामन ।

कहते थे तुम्हारे बिना इक पल ना जिया जाएगा हमसे,
शरीक भी हुए ना मेरे जनाज़े पर ओढ़ाने को कफ़न ।

चुपके से हो जाएँगे रूखसत हम इस दुनिया फानी से,
तेरी झूठी मोहब्बत को करके अपने सिने में दफ़न ।

7. सुकून

नज़रें बिछाए बैठे हैं हमदम तेरी राहों में,
महफ़ूज़ करते हैं महसूस तेरे पनाहों में।

कर गया है मदहोश हमें उम्र भर के लिए,
जाने कैसा यह नशा है तेरी निगाहों में।

तू चाहत तू इबादत तू ही जनून है मेरा,
तुझे ही माँगते हैं ख़ुदा से दुआओं में।

किसी और शह की ना दरकार है बाक़ी,
मिलता है सुकून जो, सिर्फ़ तेरी बाँहों में।

8. तू मेरी जान है

थोड़ी नटखट तू थोड़ी शैतान है
चाहे सौ बार रूठ जाए मुझसे,
तुझे पता है तू मेरी जान है ।

तेरी ख़ुशबू महका दे सारा आलम,
तेरे बातें जैसे हो कोई मीठी सरगम,
तेरा निश्छल मन ही तेरी पहचान है,
तुझे पता है तू मेरी जान है।

तेरी मौजूदगी भरती है रंग जीवन में,
रहे चहकती यूँ ही तू मेरे आँगन में,
तेरी उड़ान के लिए खुला आसमान है,
तुझे पता है तू मेरा जान है ।

9. कश्मकश

जाने क्यूँ अजब कश्मकश रहती है मेरे सिने में,होता है इक बोझिल सा
एहसास आज कल जीने में।हर बात में आ ही जाती है बात उन की,
छुपी हैं कई यादें बारिश के महीने में ।
मयखाने को बेवजह ही क्यूँ इल्ज़ाम दें,
सरूर तो आता है नज़रों से पीने में, गर हो इसी में मोहब्बत का
एहतराम,
तो क्या बुराई है होंठों को सीने में.

10. दिल्लगी

दिल लगाया है तुझ से,
दिल्लगी की यह बात नहीं।
उम्र भर का ये रिश्ता है,
पल दो पल का साथ नहीं।
चल दें झटक कर दामन को तेरे,
ऐसै कमज़रफ तो मेरे जज़्बात नहीं।
दो रूहों का है ये पाक संगम हमनवाज़,
सिर्फ़ जिस्म की जिस्म से मुलाक़ात नहीं।

11. रहमत

हर दरिया को पार कर जाएगा उस की रहमत पे भरोसा कर के तो
देख, हर मुश्किल का हल मिल जाएगा उस की
रहमत पे भरोसा कर के तो देख।
जमाने ने बिछा दिए हों काँटे राहों में तेरी,
जीवन फूलों सा महक जाएगा,
उस की रहमत पे भरोसा कर के तो देख।आग़ाज़ नहीं था साज़गार तो
क्या,
पर अंजाम तेरे हक में आएगा उस की रहमत पे भरोसा कर के तो
देख।
चाहे अंगारों पर पड़ा था तुझे चलना,
तेरा हिस्से में भी गुलिस्ताँ आएगा ,
उस की रहमत पे भरोसा कर के तो देख।

12. इनायत

तेरी हर अदा क़यामत सी लगती है ।
तेरा चुपके से आ जाना यूँ ज़िंदगी में ,
खुदा की ख़ास इनायत सी लगती है।

ऐसे ना जा दामन झटक कर मेरे हमदम,
तेरे बिन महफ़िल विरानगी सी लगती है।

यूँ तो झेले हैं बेतहाशा सितम जमाने के,
तेरी बेरुख़ी सीने में खंजर सी चुभती है।

13. कुछ कर गुज़रने की चाह

गर चाह है कुछ कर गुज़रने की,
तो चुनौतियों से घबराते नहीं हैं।
गर ठान रक्खा हो पक्का इरादा,
तो कठिन पथ पर डगमगाते नहीं हैं।
चाहे करना पड़े तूफ़ानों का सामना ,
पर हमसफ़र से हाथ छुड़ाते नहीं हैं।
ना कर ग़रूर कभी ताक़त पर अपनी,
कमज़ोर पर कभी मुस्कुराते नहीं हैं।
हालात भले नासाज़ हैं अभी तो क्या,
उस के आसरे तरते देखे पत्थरों भी,
बीच भँवर में वह डुब जाते नहीं हैं ।
गर किसी को दिल से मान लें अपना,
उस की पीठ पर ख़ंजर चलाते नहीं हैं ।
कर शुक्र ख़ुदा ने तुझे क़ाबिल बनाया,
नेक काम सब के हिस्से आते नहीं हैं ।

14. तुम तो ऐसे ना थे

जो घबरा जाए ज़रा सी बात पर,
तुम तो कभी ऐसे ना थे ।
घुटने टेक दे मुश्किल हालात पर,
तुम तो कभी ऐसे ना थे ।

है भले स्याह काली रात हौसला रख,
चंद दिन की है बात हौसला रख।
भर जाए जिसकी आँख बात बात पर,
तुम तो ऐसे ना थे ।

हाले दिल किसी के आगे खोल मत,
इन तूफ़ानों के आगे कभी डोल मत।
घुटने जो टेक दे मुश्किल हालात पर,
तुम तो ऐसे ना थे ।

15. किस राह चल पड़ा है

तरक़्क़ी के नाम पर हद से गुज़रा रहा है,
आज का इंसान किस राह चल पड़ा है।
एक-एक कर तोड़ दिया हर क़ायदा,
हर चीज़ में देखता है अपना फ़ायदा,
इनसानियत को ख़त्म करने पर अड़ा है।
आज का इंसान किस राह चल पड़ा है।
रंगे हैं हाथ कैसे इसने अपनों के ख़ून से,
कर दिया वफ़ा को दफ़्न बड़े सुकून से,
करने को नेस्तो-ओ-नाबूद सब अड़ा है।
आज का इंसान किस राह चल पड़ा है।

16. यूँ ही तो जिया नहीं जाता

हाले दिल शब्दों में तो बया किया नहीं जाता । मिटा कर ख़ुद को
लम्हा-लम्हा , उम्र भर यूँ ही तो जिया नहीं जाता ।

माना हैं चाहतें ज़रूरी जीवन के सफ़र में लेकिन , जो हद पार कर
जाए हमदम का सितम, तो होंठों को सिया नहीं जाता।

वफ़ा दौड़ती है नस-नस में हमारी ऐ मेरे हमनवाज़, तोड़ना पड़ जाए
कभी ऐसा वादा हमसे किया नहीं जाता।

बड़ी नायाब शह है मेरा दिल जनाब,
दिल्लगी ही दिल्लगी में किसी को दिया नहीं जाता।

17. हर ग़म मिट जाएगा

जो है आज सिने में चुभा बनके नासूर वह गम भी कल मिट जाएगा, जिस ने बख़्शे हैं चंद ख़्वाब तेरे हिस्से में, उन्हें तामीर भी वही इक रोज़ अदा फ़रमाएगा।

याद रख हार मान लेना नहीं तेरी तासीर में नहीं शामिल, ऐसी शह नहीं कोई जिसे तू कर नहीं सकता हासिल, उस करीम के दर से तू ख़ाली हाथ ना जाएगा।

भले जमाना कर चुका है जमाने भर के तुझ पर सितम, उस की इनायत से मिट जाएँगे सारे ग़म, खुदा के फ़ज़ल से देखना सामने तेरे जमाना टिकना पाएगा।

18. असली पहचान

मत रख कोई संक्षय मन में, तू उस शक्ति रूपा की संतान है।मत देना उसे किसी हाल में ढोलने, तेरा हौसला ही तेरी असली पहचान है।

चाहे पैर लहूँ से लथपथ हैं अभी, पर बीच राह दम तुझे भरना नहीं।इस ज़माने के ज़ुल्म के आगे गवारा तेरा डरना नहीं। लड़ जाना तूफ़ानों से हँसते-हँसते, इसी में होती असली योद्धा की शान है।

काट कर फेंक दे उन्हें बेवजह की जो हैं बेड़ियां, कोई भी नहीं थोप सकता तुझ पर नज़रिया।भर उड़ान! हो जा उस पर क़ाबिज़, तेरे हिस्से का जो आसमान है।

19. तेरी चाहत का सरूर

मेरी हर बात में तेरा ज़िक्र आता ज़रूर है,
छाया है जो मुझपर वो तेरा ही सरूर है।
निभाएँगे हर वादे को मरते दम तक,
बात है इमान की मेरे, ना की ग़रूर है।
बात जिस्म पर आकर कैसे रुक जाएगी,
मसला रूह में उतरने का यहाँ हुज़ूर है।
ग़ज़ब की आ गई है जो चेहरे पे रंगत मेरे,
कुछ और नहीं बस तेरी चाहत का नूर है।
बिन पिए लड़खड़ाने लगते हैं मेरे कदम,
तेरी नज़रों के पैमाने का सारा क़सूर है।

20. जीवन का लक्ष्य

हर जंग के लिए तैयार रहना होगा, गर कुछ हासिल करने की दरकार है। ना हो कोई लक्ष्य जब तक ऊँचा मन में, तब तक कोई ख़्वाब होता नहीं साकार है।

मुकाम हासिल होते नहीं कभी औरों के दम पर, पाने को अपनी मंजिल तू ख़ुद ही अपना करम कर।लड़ा दे जान की बाज़ी, अब यही समय की पुकार है।

तेरे ख़िलाफ़ जुगत दुनिया लड़ाएगी कब तक, मत रुकना तू मंज़िल को हासिल कर नहीं लेता जब तक। मिलती हैं नियत को मुरादें सिर्फ़ वहीं, उस खुदा का जो दरबार है।

21. शहीद-ए-आज़म भगत सिंह

योद्धा के इरादों में होती है अलग सी ही ठसक, शूरवीरों के सामने कब
टिक पाई है उनके ज़ख़्मों की कसक।

यदि हो अनिवार्य तो उतर जाना वाजिब है रण में , भय के विचार को
इक पल भी ना आने दो मन में।याद रहे हमेशा शत्रु को सिखाना
पड़ता है वो सबक।
शूरवीरों के सामने .... ।

आज भी हैं हर किसी की ज़ुबान पर जिनके शोर्य के क़िस्से, शहादत
आई है सिर्फ़ उन महान वीरों के हिस्से। जिनकी बहादुरी की
दुनिया खाती है क़सम।
शूरवीरों के सामने .... ।

शहीद भगत सिंह जैसा जज़्बा नहीं हो सकता हर किसी के अंदर,
जिन्होंने आज़ादी की ख़ातिर मौत को गले लगा लिया मुस्कुरा कर।
ऐसे वीर बार-बार कहाँ लेते हैं जनम।
शूरवीरों के सामने .... ।

www.ingramcontent.com/pod-product-compliance
Lightning Source LLC
La Vergne TN
LVHW050830051026
849532LV00008B/3195
* 9 7 9 8 9 0 0 8 1 5 0 9 1 *